रेत का समंदर

ग़ज़ल-संग्रह

डॉ. फूलकली 'पूनम'

मैं क़दम के निशां रेत पर देखकर,
हाज़िरी आपकी रोज़ लिखता रहा।

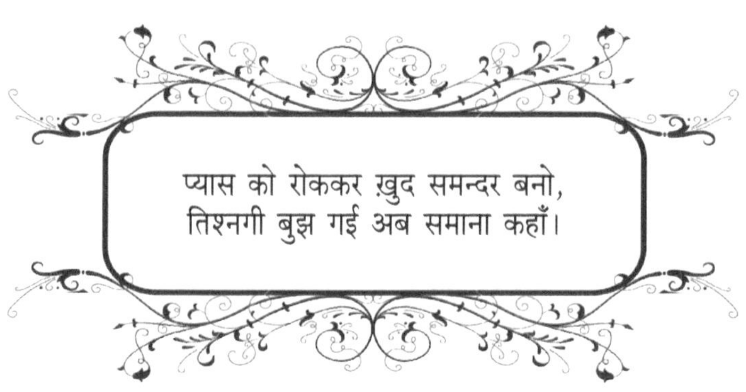
प्यास को रोककर ख़ुद समन्दर बनो,
तिश्नगी बुझ गई अब समाना कहाँ।

ग़ज़ल-संग्रह

डॉ. फूलकली 'पूनम'

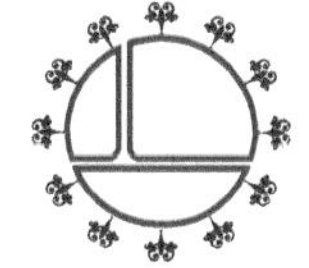

अंजुमन प्रकाशन

अंजुमन प्रकाशन
942, मुट्ठीगंज, प्रयागराज-3 उत्तर प्रदेश, भारत
www.anjumanpublication.com
contact@anjumanpublication.com

प्रथम संस्करण अंजुमन प्रकाशन द्वारा 2021 में प्रकाशित

आवरण व टाइप सेटिंग : अंजुमन प्रकाशन
शब्दांकन-राकेश कुमार

ISBN : 978-81-953045-7-8

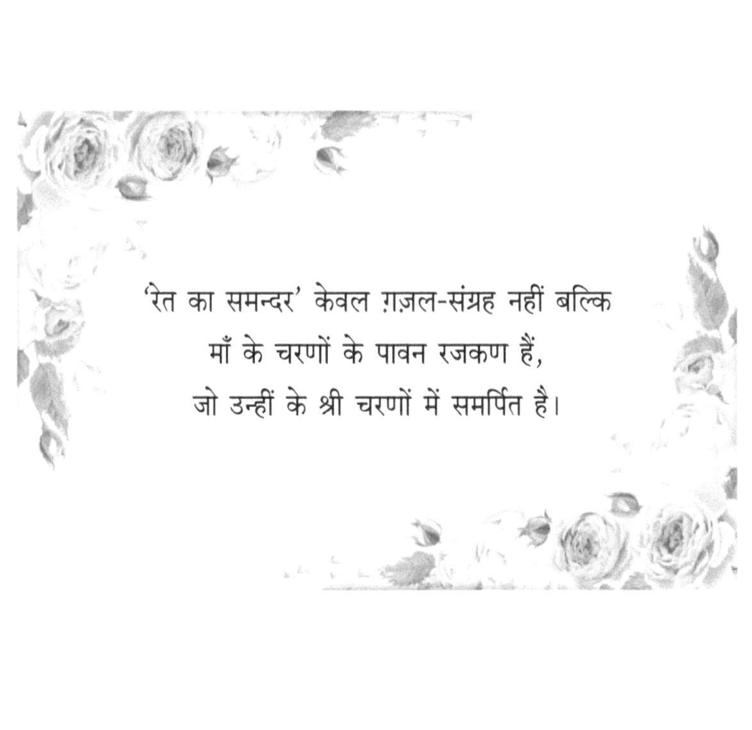
'रेत का समन्दर' केवल ग़ज़ल-संग्रह नहीं बल्कि
माँ के चरणों के पावन रजकण हैं,
जो उन्हीं के श्री चरणों में समर्पित है।

1. सुब्ह होते ही आँखों के सामने माँ का आना और नज़र में भर जाना; उनके रूप में साक्षात् वाग्देवी के द्वारा आशीर्वाद मिलना और वही परिवर्तित होकर अल्फ़ाज़ में ढलना... तुझे आभार क्या कहूँ माँ; तू ही मैं हूँ, तेरे क़दमों पे जहां वार दूँ; ये तो कुछ भी नहीं, वो ख़ुदा वार दूँ... सब तेरा तुझे ही अर्पित माँ।

2. आदरणीय सुप्रसिद्ध कवि श्री संजीव सरगम जी को नेह नमन करती हूँ कि वे दूर रहकर भी काव्य सृजन हेतु हमारा हौसला-अफ़ज़ाई करते रहते हैं।

जिनके ख़ातिर जहां से किनारा किया,
नाम बदनाम दुनिया में होना तो है।
ज़िंदगी उन पलों की सदी से बड़ी,
इसलिये जान 'पूनम' पे देना तो है।

परिचय : डॉ0 फूलकली 'पूनम'

नाम : डॉ0 फूलकली गुप्ता 'पूनम'

पिता का नाम : स्व0 राम पदारथ गुप्ता

माता का नाम : श्रीमती धनपती गुप्ता

जन्म-स्थान : ग्राम-रामापुर दिखौरा, जिला-सुलतानपुर उ0प्र0,

सम्पर्क : व्हाइट हाउस, अन्तू रोड, अमेठी, जनपद-अमेठी (उ.प्र.)

मोबाइल नं0 : 9807836516

Email : phoolkaligupta123@gmail.com

शिक्षा : स्नातकोत्तर 1-संस्कृत, 2-म0इतिहास, 3-हिन्दी, बी0एड0, पीएच0डी0 (संस्कृत), सीनियर डिप्लोमा (हारमोनियम) प्रयाग संगीत समिति, इलाहाबाद, पत्रकारिता एवं जनसंचार में स्नातकोत्तर डिप्लोमा।

सम्प्रति : प्रधानाचार्या राजकीय बालिका इण्टर कॉलेज अमेठी, उ.प्र.
जिला गाइड कमिश्नर, अमेठी

साहित्यिक एवं सांस्कृतिक सेवाएँ :

- प्रकाशित ग़ज़ल-संग्रह
  1. बोलती रोशनाई, 2. आईने में चाँद
  3. पता ज़िंदगी का 4. बेख़बर वक़्त
- 31वीं अखिल भारतीय नाट्योत्सव इलाहाबाद 'हम भारत की बेटी हैं' में प्रशंस्य अभिनय।
- बैडटच (Bad Touch) टेली फिल्म में प्रमुखतम सकारात्मक किरदार (अभिनेत्री) के रूप में सशक्त अभिनय।
- पटेलसेवा संस्थान द्वारा 'लौह पुरुष सरदार पटेल स्मृति सम्मान - 2017।'
- 'साहित्य रत्न सम्मान-2017।'
- अनेक अन्तर्राष्ट्रीय एवं राष्ट्रीय सेमिनारों में प्रतिभाग एवं प्रस्तुतीकरण।
- प्रादेशिक एवं राष्ट्रीय तथा अन्तर्राष्ट्रीय समाचार पत्रों और पत्रिकाओं में मुक्तक, गीत, ग़ज़लों का अनवरत प्रकाशन।
- 'आगमन' षष्ठ स्थापना दिवस समारोह 8 सितम्बर-2018।
- 'भाव कलश' रचनाकार सम्मान।
- अन्तर्राष्ट्रीय महिला दिवस-2019 The Fantastic Females (season-02)।
- तेजस्विनी एवार्ड-प्रसिद्ध संस्था आगमन द्वारा चतुर्थ वार्षिक समारोह एवं लोकार्पण काव्यकुम्भ अधूरा मुक्तक में सम्मानित।
- शैक्षणिक, सामाजिक एवं साहित्यिक गतिविधियों में महत्त्वपूर्ण योगदान देने के कारण अनेक सम्मान प्राप्त।

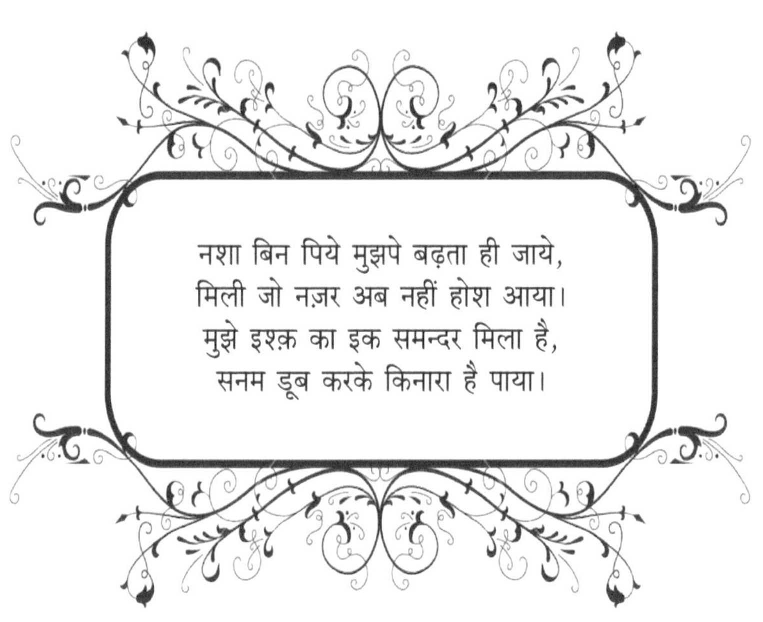

नशा बिन पिये मुझपे बढ़ता ही जाये,
मिली जो नज़र अब नहीं होश आया।
मुझे इश्क़ का इक समन्दर मिला है,
सनम डूब करके किनारा है पाया।

कुछ लफ़्ज़ मेरे

हेलो, मैं ग़ज़ल बोल रही हूँ, आप कौन?

अरे मैं जो भी हूँ पर आपको नहीं जानती, राँग नंबर।

अरे नहीं नहीं... रुको तो सही! मैं तुम्हारे अन्दर से ही बोल रही हूँ, हमसे इतनी बेरुख़ी क्यों? मैं तो तुम्हारी रूह हूँ मेरे बिना तुम ज़िंदा नहीं रह सकती हो। जब तक मैं हूँ तब तक तुम्हारी हस्ती है। क़यामत के बाद भी मैं रहूँगी और तुम भी रहोगी, मौत तुम्हें मार नहीं पायेगी। तुझमें मैं हूँ मुझमें तू है और तुम कह रही हो कि मुझसे अंजान हो। मैं तुम्हारी कस्तूरी हूँ कहाँ खोज रही हो सहरा और समन्दर, ख़ुशी और ग़म, ख़ूबसूरत और बदसूरत, दोस्त-दुश्मन, वफ़ा और ज़फ़ा, दूरियाँ नजदीकियाँ, हँसी और अश्क, रोशनी तीरगी, सफ़र और मंज़िल, राज़-राज़दां, इल्म-इल्मदां, अपने-पराये, मुहब्बत और नफ़रत, नाम-गुमनाम, नेकी और बदी, बोलती रोशनाई, आईने में चाँद, पता ज़िंदगी का, रेत का समन्दर, बेचैन चाँदनी, बेख़बर वक़्त और बहुत कुछ मुझमें ही शामिल है। मैं बर्फ़ हूँ पिघलती जा रही हूँ। नदी और समन्दर भरते जा रहे हैं तुम कोई भी नाम दे दो, जो भी नाम दोगी वह वक़्त के वर्क़ पर लिखा जा रहा है कोई मिटा नहीं सकेगा, पूरी कायनात ख़त्म हो जायेगी पर मैं नहीं। क़यामत की कहानी मैं ही लिखूँगी। कुदरत ने लेखा-जोखा रखने की जिम्मेदारी मुझे ही सौंपी है, मैं ही लिखती हूँ, मैं ही कहती हूँ, मैं ही सुनती हूँ। तुम फिर आओगी तो तुम्हें मैं ही मिलूँगी, अपने रूप में, तुम्हारे रूप में, सबके रूप में। मैं सिर्फ़ ग़ज़ल हूँ कहो, गाओ, गुनगुनाओ। मैं इधर हूँ, उधर कहाँ देख रही हो, खिडकियाँ और दरवाज़े खोलो।

ओह ग़ज़ल तुम! अरे तुम तो हमारी हो सिर्फ़ हमारी। मैं तुम्हारी हूँ ख़ुद में समा लो मुझे। आज कहीं घुमाने ले चलो वादियों में, चाँद-तारों पे। कहकशाँ से मुलाकात करा दो फिर समन्दर किनारे और इश्क़ की उन बदनाम और गुमनाम गलियों में जहाँ कोई आता-जाता नहीं है। मेरा हाथ थामो और कभी नहीं छोड़ना, आज ये वादा करो दुनिया तो वादा-शिकन है और तुम तो वादापरस्त हो। मैं तुम्हारे लिए कुछ भी कर सकती हूँ और कुछ भी सह सकती हूँ बस अब मेरी ही रहना। चलो आसमां तक चलते हैं। उस आसमान के आगे और भी आसमान हैं

क्या? चलो वहाँ भी घुमा दो। अरे मैं उड़ी जा रही पंख बिना परवाज़ मिली, ओह मेरी जान-ए-ग़ज़ल तेरे सदके।

दोस्तों,

मेरे चारों ग़ज़ल संग्रह 'बोलती रोशनाई', 'आईने में चाँद', 'पता ज़िंदगी का' और 'बेख़बर वक़्त' की ही तरह इस ग़ज़ल संग्रह ' रेत का समन्दर' को भी अपनी मुहब्बत से सराबोर करके अपनी पलकों का स्पर्श दीजिए, मैं विनयावनत रहूँगी।

"समन्दर किनारे जहाँ हम मिले थे,
अभी तक वहाँ का तड़पता है पानी।
नज़र में बसा है मिरा यार 'पूनम'
वफ़ाओं की मेरे बनेगी कहानी।"

(डॉ. फूलकली पूनम)

अनुक्रम

1

जाम आँखों से आओ पिला दूँ ज़रा।
हुस्न की शोख़ियाँ भी मिला दूँ ज़रा।

बाग में तुम हमारे जो आ ही गये,
शाख़ फूलों की अब मैं हिला दूँ ज़रा।

देखकर तेरे चेहरे को खिलते हैं सब,
ये कंवल आज सारे खिला दूँ ज़रा।

तेरे क़दमों से ही ये बहारें रुकीं,
करके सजदा उन्हें ये सिला दूँ ज़रा।

तू जो चाहे तुझे लाके 'पूनम' मैं दूँ,
चाँद भी आसमां से दिला दूँ ज़रा।

2

ज़िंदगी बिन तिरे यूँ कटी जा रही।
रूठकर देखती ज्यूँ ख़ुशी जा रही।

कितने अनमोल लमहे मिले थे मगर,
साँस बेदाम मेरी बिकी जा रही।

दिल के कोने में मैंने छुपाया जिसे,
मेरे अरमां की चूनर लुटी जा रही।

तेरी तस्वीर में रंग भरते रहे,
आज रंगत वही अब मिटी जा रही।

अब तो आने की आहट भी मिलती नहीं,
तेज़ आवाज़ में वो दबी जा रही।

रास्ता देखकर आँख बोझिल हुई,
ये पलक भी हमारी थकी जा रही।

धड़कनें धड़कनों से भी तौबा करें,
आस की लौ ये 'पूनम' बुझी जा रही।

3

झील का पानी चुपचाप कहता रहा।
छुप गया वो कहाँ पहले मिलता रहा।

मैं क़दम के निशां रेत पर देखकर,
हाज़िरी आपकी रोज़ लिखता रहा।

उनकी आँखों में आँसू अगर आ गये,
बूँद गिरने से पानी भी जलता रहा।

हाल-ए-दिल जब कभी वो सुनाता अगर,
वक़्त ख़ामोश हो करके सुनता रहा।

कह रहे थे अलग हम न होंगे कभी,
वो अलग होके 'पूनम' से रहता रहा।

4

बेवफ़ा तुम नहीं, आके कह दो सनम।
उस ज़माने से भी जाके कह दो सनम।

अपनी तस्वीर आँखों में आ देख लो,
मेरे सर की कसम खाके कह दो सनम।

तुम हो दुनिया मिरी और क्या चाहिये,
तुम भी अपना जहां पाके कह दो सनम।

मेरी ज़ुल्फ़ों के साये तिरी रात हो,
चाँद से चाँदनी लाके कह दो सनम।

नाम 'पूनम' वफ़ा का मिटेगा नहीं,
गीत उल्फ़त के तुम गाके कह दो सनम।

5

देखकर वो मुझे मुस्कुरा जो दिये।
एक मुस्कान में होश हम खो दिये।

मेरी दिल की ज़मीं देखो सूनी रही,
प्रेम का बीज आ करके वो बो दिये।

अश्क आँखों में आये नहीं अब तलक,
आपने मुझको अपना कहा, रो दिये।

रूह को अब हमारी करार आ गया,
दाग़ दिल के मुहब्बत से सब धो दिये।

एक 'पूनम' ही है ज़िंदगी जी रही,
इश्क़ के तोहफ़े भी आपने वो दिये।

6

अपने क़दमों में बाँधा है मैंने सफ़र।
साथ मेरे भी चलती रही ये डगर।

वो ज़मीं के निशां अब वसीयत बने,
जो छुपाकर रखे किसको होगी ख़बर।

लोग आते रहे लोग जाते रहे,
धूल पाँवों से लिपटी रही उम्रभर।

हाज़िरी उन पलों की लगाते रहे,
अपनी मुट्ठी में भर लूँ मैं सारे पहर।

देख 'पूनम' तुझे रास्ते हँस पड़े,
रूप अपना बदल फिर तू आया इधर।

7

चाँदनी उनके घर रोज़ आती रही।
लेके आग़ोश में वो सुलाती रही।

मेरे महबूब जैसा न कोई सनम,
चाँद को आसमां से दिखाती रही।

उनके रुख़ की चमक से है रौशन जहां,
वो सितारों को हँस के बताती रही।

उनकी दहलीज को चूमती ही रहे,
नाज़ उनके सभी वो उठाती रही,

रूप 'पूनम' के जैसा किसी का नहीं,
घोलकर रोशनी वो पिलाती रही।

8

मेरे महबूब तुमको कहाँ ले चलूँ।
हो इज़ाज़त जहाँ जाने जां ले चलूँ।

इक नशेमन बना दूँ फ़लक पर तिरा,
फिर बहारों का ये कारवाँ ले चलूँ।

चाँद मर्ज़ी से तेरे ही निकला करे,
ख़ुशबुओं के सभी आशियां ले चलूँ।

ग़म की परछाईं भी राह पाये नहीं,
बस ख़ुशी के ही केवल निशां ले चलूँ।

वो चमन पाके 'पूनम' को महका करे,
साथ अपने सभी बागबां ले चलूँ।

9

आप क्या मिल गये ज़िंदगी मिल गई।
मेरे अल्फ़ाज़ को शायरी मिल गई।

पहले वीरान सहरा में भटका किये,
आपको देखकर आशिक़ी मिल गई।

मेरे गुलशन में मौसम ख़िज़ां का रहा,
आप आये, मुझे दिलकशी मिल गई।

ग़म से यारी हमारी रही आज तक,
गुल का नज़राना लेकर ख़ुशी मिल गई।

देवता कहके 'पूनम' ने पूजा तुझे,
मेरे सर को तिरी बन्दगी मिल गई।

10

लफ़्ज़ पे आज तक मेरे पहरे लगे।
क़ैद में रहके कहने से डरने लगे।

अब तो कटता नहीं ज़िंदगी का सफ़र,
लम्हे सारे मुझे आज ठहरे लगे।

लब ये सुनते रहे आँख कहती रही,
लग रहा है कई ज़ख़्म गहरे लगे।

लेके बाजार में घूमती मैं रही,
सच रखा रह गया झूठ बिकने लगे।

वक़्त के शोले 'पूनम' ये बुझते नहीं,
गर्दिशों के ज़माने भी अपने लगे।

11

ज़िंदगी के सफ़र में यूँ चलते रहे।
पाँव में पड़ गये ये फफोले रहे।

मेरी परछाइयाँ साथ चलती रहीं,
हसरतों के मगर वो कबीले रहे।

याद में उनके खोके सफ़र कट गया,
पास जब थे वो, मौसम नशीले रहे।

दर्द मिलता रहा टीस उठती रही,
ज़ख़्म एहसास के भी हठीले रहे।

रहके दुनिया में भी दुनियादारी न की,
दूर 'पूनम' से हरदम झमेले रहे।

12

छोड़ दूँ ये जहां मन हमारा करे।
कौन आवाज़ देकर पुकारा करे।

सच ही भाया मुझे झूठ भाया नहीं,
ये फ़रेबी जहां क्यों गवारा करे।

मैं हूँ दूजे जहां की ये लगता रहा,
आसमां से कोई अब इशारा करे।

मेरी धड़कन में अब तक धड़कता रहा,
खोके मुझमें मुझी को निहारा करे।

बात है कुछ दिनों की हो मेहमां मिरे,
मिलके 'पूनम' को मौसम दुलारा करे।

13

मंज़िलें कौन सी हमको जाना कहाँ।
चलते ही जा रहे पर ठिकाना कहाँ।

इक बुलावे पे ही लौट आना पड़े,
उनसे चलता कोई फिर बहाना कहाँ।

खोजते-खोजते अब ख़ुदा मिल गया,
मेरे जैसा जहां में दीवाना कहाँ।

वार खाली न जाता अगर ठान लें,
इन निगाहों के जैसा निशाना कहाँ।

सोने-चाँदी के बँगलों में आकर बसे,
आशियां भूलता वो पुराना कहाँ।

प्यास को रोककर ख़ुद समन्दर बनो,
तिश्नगी बुझ गई अब समाना कहाँ।

ज़िंदगी इक सफ़र चलना होगा तुम्हें,
रोक सकता है 'पूनम' ज़माना कहाँ।

14

याद उनकी निग़ाहों में भरके चली।
एक वादे पे मैं आज मिटके चली।

मेरी ख़ामोशियाँ शोर कैसे करें,
रूह की उस सदा को मैं सुनके चली।

एक लम्हा भी मेरा सदी सा रहा,
आख़री वो घड़ी आज गिनके चली।

नाम मेरा सभी लोग लेने लगे,
मैं हक़ीकत फ़साने की बनके चली।

मेरी नज़रों से सजती रहीं वादियाँ,
आज 'पूनम' नज़ारों से सजके चली।

15

मैं तो दीवानी उनकी कहाने लगी।
इश्क़ बीमारी दुनिया बताने लगी।

कुछ गरज़ रौशनी से न रहती मुझे,
चाँदनी रात में अब नहाने लगी।

नाम जब से जुड़ा है तिरे नाम से,
वो मुहब्बत मिरा रुख़ सजाने लगी।

तब बहारों के मौसम तरसते रहे,
तेरी गलियों में अब आने जाने लगी।

मैं परस्तिश जो 'पूनम' करूँ रात दिन,
तेरे क़दमों में जन्नत भी पाने लगी।

16

कहते-कहते ही ये आप क्या कह गये।
इस मुहब्बत को दिल का नशा कह गये।

हमसे इनकार करते रहे रात-दिन,
दर्द-ए-दिल को दिलों की दवा कह गये।

रास्ते आप दिल के न आये कभी,
मेरे दिल को ही ख़ुद का पता कह गये।

तुम इज़ाजत निगाहों से लेते नहीं,
मेरी मर्ज़ी को ख़ुद की रज़ा कह गये।

साथ 'पूनम' नहीं तो ये दुनिया है क्या,
ज़िंदगी बिन हमारे सज़ा कह गये।

17

उम्र भर हम मिले दिल मिला ही नहीं।
उनसे कहना था जो वो कहा ही नहीं।

मेरी बातों को वो रोज़ सुनते रहे,
पर सुनाना था जो वो सुना ही नहीं।

रूठ जायें न वो डर सताता रहा,
मुझसे हँसके कहा कुछ गिला ही नहीं।

उन दरख़्तो को मैं सींचती ही रही,
बदनसीबी मिरी गुल खिला ही नहीं।

दर्द अब ज़िंदगी का नशा बन गया,
ज़ख़्म जो भी मिला अब सिला ही नहीं।

18

आस की डोर तो टूटती ही नहीं।
ज़िंदगी भी उसे तोड़ती ही नहीं।

जो न अब तक मिला आगे मिल जायेगा,
राह उम्मीद भी भूलती ही नहीं।

आप चाहो जिसे पास आयेगा वो,
क्यूँ तुम्हारी नज़र खोज़ती ही नहीं।

कहती ख़ामोशियाँ शोर अन्दर बड़ा,
चीख आँखों की अब गूँजती ही नहीं।

देना चाहो जो 'पूनम' तो देते चलो,
कौन कहता ख़ुशी माँगती ही नहीं।

19

बिन जुनूं के है इंसान ज़िंदा नहीं।
पत्थरों के भी भगवान ज़िंदा नहीं।

देख करके न जिसको नज़र खिल सके,
सच यही है वो मेहमान ज़िंदा नहीं।

रास्ते में मिलें दें, बदल रास्ता,
आप समझो की एहसान ज़िंदा नहीं।

जिसको दी है उधारी न देखे पलट,
ये यक़ीं है की सामान ज़िंदा नहीं।

लोग 'पूनम' के सच को भी झूठा कहें,
ऐसे लोगों में ईमान ज़िंदा नही।

20

झूठ सच बनके दुनिया में बिकने लगा।
सच भी अब झूठ जैसा ही दिखने लगा।

है विवशता बड़ी काम चलता नहीं,
वो भला भी बुरे से ही मिलने लगा।

कान की हस्तियाँ मिट गईं देखिए,
आदमी अब हवाओं से सुनने लगा।

एक दूजे पे ही ज़िंदगी है टिकी,
आदमी आदमी को ही खलने लगा।

मंदिरों के भी भगवान पत्थर हुये,
आदमी पर्वतों पे ही झुकने लगा।

आग पानी से बुझती सभी जानते,
ये समन्दर मेरे संग जलने लगा।

बात 'पूनम' की सच मान ही सब लिये,
ये ज़माना यही बात रटने लगा।

21

कौन कहता है फुर्सत नहीं है उन्हें।
सच तो ये है कि उल्फ़त नहीं है उन्हें।

उन रकीबों के घर रोज़ जाते हैं वो,
उनसे सचमुच में नफ़रत नहीं है उन्हें।

वो जो कहते हैं बेफ़िक्र रहते हैं हम,
क्यूँ ज़फ़ाओं में गफ़लत नहीं है उन्हें।

दिल तड़पता नहीं गर मिरे नाम पर,
ये यकीं है मुहब्बत नहीं है उन्हें।

माँ की सूरत में 'पूनम' न दिखता ख़ुदा,
उसके क़दमों से कुर्बत नहीं है उन्हें।

22

साथ मेरे रहे अज़नबी की तरह।
दिल लगाया किये दिल्लगी की तरह।

रातभर दीप मिलकर जलाते रहे,
रोज़ आते रहे तीरगी की तरह।

रूप अपना दिखा, चाँद छुपता रहा,
कितना बेदर्द है आप ही की तरह।

मिल गईं धड़कनें जीना आया नहीं,
आप उलझे रहे ज़िंदगी की तरह।

रंग हर पल तुम्हारा बदलता रहा,
आज के दौर के आदमी की तरह।

रहके 'पूनम' के दिल में न जाना उसे,
बेवज़ह रह रहे चीज ही की तरह।

23

ये क़लम साथ मेरे ही चलती रही।
मेरे एहसास को रोज़ लिखती रही।

पाँव मेरे थके मन थका ही नहीं,
साथ मन के बँधी खूब उड़ती रही।

अश्क आँखों से गिरता मिरे देखकर,
रो पड़ी, आज तक ये सिसकती रही।

दर्द में डूबकर होश रहता नहीं,
उनकी तस्वीर मिट मिट के बनती रही।

रंग लाखों भरे मन भरा ही नहीं,
इसकी कोशिश में मैं रंग भरती रही।

इश्क़ उनसे मुझे या क़लम से हुआ,
बात 'पूनम' यही सबसे कहती रही।

24

आज वो रास्ते में मिले इस तरह।
जैसे सावन में बादल घिरे, इस तरह।

देख करके उन्हें गुम जहां मिल गया,
जान जाती हो जैसे रुके इस तरह।

सारी बातें सिमट ही गईं साथ में,
लफ़्ज़ मुँह से न निकले कहे इस तरह।

उनसे शिकवे हमें याद आये नहीं,
वो तड़प बनके तन में ढले इस तरह।

वो ख़ताओं की फ़ेहरिश्त गुम सी हुई,
अब गले मिल रहे हैं गिले इस तरह।

ये निगाहें क़यामत से कुछ कम नहीं,
होंठ 'पूनम' के अब तक हिले इस तरह।

25

सोचता हूँ की उनसे मुलाकात हो।
आयें पहलू में वो चाँदनी रात हो।

बात मदहोश होकर लगे झूमने,
साँस की मेरी साँसों से ही बात हो।

वक़्त ठहरे वहीं बढ़ न आगे सके,
उन पलों में भी शामिल ये ज़ज्बात हो।

उनके क़दमों पे क्या मैं निछावर करूँ,
चाँद दूँ मैं सजा वो ही सौगात हो।

झूम के आये सावन हवायें चलें,
आये मिलने जो 'पूनम' तो बरसात हो।

26

दिल बहलने तलक लोग उल्फ़त करें।
इक खिलौना समझकर मुहब्बत करें।

उम्र लग जाये उनको ये माँगी दुआ,
प्यार में वो डुबो करके नफ़रत करें।

नाम पर जिनके दुश्मन ज़माना हुआ,
वो रकीबों की हरदम ही सोहबत करें।

शौक से अपना ईमान जिनको दिया,
बेवफ़ाओं के सँग वो ही गुरबत करें।

वो छुपा करके ख़ंजर, लगायें गले,
ज़ख़्म देने को 'पूनम' की कुर्बत करें।

27

ये मुहब्बत दिलों का खिलौना तो है।
कह रहे लोग नज़रों का धोका तो है।

होंठ नाज़ुक कली सूख जायेंगे वो,
दर्द से ज़ख़्म सीने का धोना तो है।

एक पल में ख़ुदाई क़दम चूमती,
दूजे पल में सभी कुछ ही खोना तो है।

जिनके ख़ातिर जहां से किनारा किया,
नाम बदनाम दुनिया में होना तो है।

ज़िंदगी उन पलों की सदी से बड़ी,
इसलिये जान 'पूनम' पे देना तो है।

28

दिल के इक मोड़ पे आप मिल जो गये।
क्या बतायें तुम्हें क्या से क्या हो गये।

आईना आज तक हमने देखा नहीं,
आईना तुम बने आज हम खो गये।

ख़्वाब आने से अब तक परेशान थे,
तेरी पलकों के साये तले सो गये।

इक झलक तुम दिखे, मन न लगता कहीं,
आप आते दिखे फिर तुरत वो गये।

इन हवाओं से 'पूनम' है नाता तिरा,
साथ अपने ही ले मेरे मन को गये।

29

रातभर दो दिलों की कहानी चली।
आज फिर एक लैला दीवानी चली।

अपनी सूरत बदल इश्क़ आता रहा,
अब हवा भी चमन में पुरानी चली।

दिल के बदले दिलों को वो देते रहे,
कल दिये था जो मजनू निशानी चली।

बचपना दूर से खिलखिलाता रहा,
अब जवानी से मिलने जवानी चली।

इश्क़ 'पूनम' से उनको हुआ इस तरह,
जैसे सदियों से मिलने रवानी चली।

30

साँस से साँस मिलके जुदा हो गई।
तेरे दीवाने से क्या ख़ता हो गई।

तुमको देखे बिना जी नहीं पायेंगे,
अब मुहब्बत हमारा नशा हो गई।

दर्द देकर कहे क्या हुआ है हमें,
अब वफ़ाओं की कीमत अदा हो गई।

मौत भी बिन तिरे हमको आये न अब,
तेरे आने की ख़्वाहिश दवा हो गई।

खुश रहे तू सदा ग़म दे 'पूनम' मुझे,
जब झुकी ये नज़र तो दुआ हो गई।

31

दिल किसी से लगाना नहीं यार तुम।
बिक ही जाओगे कौड़ी में दिलदार तुम।

है तिजारत यहाँ इश्क़ के नाम पे,
रस्म जाने बिना आये बाज़ार तुम।

तेरे नज़रों की रौनक छिनेगी यहाँ,
अश्क लेके ही जाओगे बेज़ार तुम।

लूट लेते हैं दिल खेलने के लिए,
नाज़नीनों से करना न इकरार तुम।

बात मानो मिरी थामकर दिल रखो,
वरना 'पूनम' बनोगे गुनहगार तुम।

32

जान दे दूँ मिरे यार तेरे लिये।
छोड़ दूँगी ये संसार तेरे लिये।

रात-दिन बैठकर तुझको देखा करूँ,
दिल लुटा दूँगी दिलदार तेरे लिये।

अब सहर आ गई तुझको सजदा करूँ,
हूँ ख़ुदा की गुनहगार तेरे लिये।

तेरे क़दमों में दिल को बिछा दूँगी मैं,
राह में दूँ सजा प्यार तेरे लिये।

वो ख़ुदा रोज़ 'पूनम' को ही देखता,
ये दमकता है रुख़्सार तेरे लिये।

33

अब तो मेरी गली आप आने लगे।
ये निगाहें भी हमसे चुराने लगे।

बेख़ुदी ही दिखे हर समय हर घड़ी,
वो क़दम अब ज़रा लड़खड़ाने लगे।

लफ़्ज़ होंठों से मेरे निकलते ज़रा,
हाल पूछे बिना ही बताने लगे।

जब सँभाले सँभलता न दिल आपका,
तब दुपट्टे में धड़कन छुपाने लगे।

बेअसर है नज़र ये जताते रहे,
होश खोते दिखे यूँ निशाने लगे।

चोट मुझको लगी आह तुमने भरी,
आप हमदर्द मेरे कहाने लगे।

कुछ शरारत करे तेरी ज़ुल्फ़ों से वो,
आज मौसम भी थोड़े दीवाने लगे।

इश्क़ में डूबकर शायरी आ गई,
आप ग़ज़लों के घर आने जाने लगे।

ख़ुशनसीबी से दुनिया में 'पूनम' मिला,
रूप की धूप में हम नहाने लगे।

34

आप मिलते रहे दोस्तों की तरह।
रुख़ बदलते रहे मौसमों की तरह।

शौक है दिल्लगी का बहुत आपको,
दर्द देते रहे दुश्मनों की तरह।

आपको सोचकर मैं उलझती गई,
आप सुलझे नहीं उलझनों की तरह।

आह भरती रही आप हँसते रहे,
हम तड़पते रहे दिलजलों की तरह।

चोट दे करके 'पूनम' तराशी गई,
अब मैं ख़ुद बन गई मन्दिरों की तरह।

35

दिल तड़पता ही रहता तुम्हारे बिना।
आप महफ़िल सजाते हमारे बिना।

बेसहारा हुये घूमें हम दरबदर,
ज़िंदगी अब न कटती सहारे बिना।

रूप दुनिया में अब कोई भाये नहीं,
ये निगाहें न मानें निहारे बिना।

अश्क आँखों में हरदम ही तैरा करें,
होंठ मेरे न मानें पुकारे बिना।

टूटकर मैंने 'पूनम' निभाई वफ़ा,
बाढ़ लाता समन्दर किनारे बिना।

36

उनकी तस्वीर दिल में लगाये रहे।
इस ज़माने से हरदम छुपाये रहे।

रंग भरते रहे उसमें शाम-ओ-सहर,
अनगिनत भाव उसमें समाये रहे।

चूमते रोज़ उसको अकेले में हम,
अपना दीवाना हमको बनाये रहे।

पूछते उनसे आओगे कब रूबरू,
रुख़ पे घूँघट ज़रा वो गिराये रहे।

इस ज़माने को इक दिन लगी ये ख़बर,
अब फ़साने ही 'पूनम' के छाये रहे।

37

तुम मिलो तो कभी चाँदनी रात में।
होश खो दोगे महके से हालात में।

वो फ़रिश्ते मिरी राह तकते सदा,
आके देखो सितारों की बारात में।

लाख पर्दे में तुम मुझसे छुपते रहो,
दिल चुरा लूँगा मैं बात ही बात में।

उस ख़ुदा से बड़ा, इश्क़ कहते सभी,
जां निछावर करूँ तुझको सौगात में।

तेरी ख़्वाहिश में सदियों से 'पूनम' रहा,
भूल जाओगे सब वस्ल की रात में।

38

तेरी महफ़िल से कल हम चले जायेंगे।
याद बनकर तिरे पास फिर आयेंगे।

तेरे ख़्वाबों ख़यालों में मैं बस चुका,
तुझको रह रह हमेशा ही तड़पायेंगे।

याद आयेगी जब भी मुहब्बत मिरी,
बनके वादे सबा चूमने आयेंगे।

तुम भुलाना भी चाहोगे जितना हमें,
उससे ज्यादा तुझे याद हम आयेंगे।

है मिलन तुमसे 'पूनम' ख़ुदा की रज़ा,
रूह बनकर क़यामत में मुस्कायेंगे।

39

कितनी यादें समेटे हमारा ये दिल।
पास मैंने रखा एक प्यारा ये दिल।

गुज़रे पल मैंने इसमें सँजो के रखे,
उनसे मिलने को करता इशारा ये दिल।

उन ज़फ़ाओं में सिमटी वफ़ा भी दिखी,
आज भी खोजता इक सहारा ये दिल।

ख़्वाब भी नींद में, तो हक़ीकत लगें,
नाम उनका तड़पकर पुकारा ये दिल।

दिल बनाया ख़ुदा जाने क्या सोच के,
पत्थरों का क्यूँ 'पूनम' तुम्हारा ये दिल।

40

किसको दुनिया में अब तक न उल्फ़त हुई।
कौन कहता, न उसको मुहब्बत हुई।

गर मिला दिल तो धड़केगा सच मान लो,
धड़कनों का धड़कना भी ज़हमत हुई।

ये निगाहें तलाशें उन्हें उम्रभर,
उनको पहलू में लाने की हसरत हुई।

रूप बेकार है, उनके देखे बिना,
इक नज़र देख लें तो क़यामत हुई।

प्यार हो गर नहीं, तो ख़ुदाई न हो,
इश्क़ 'पूनम' करे तो क्यूँ तोहमत हुई।

41

ख़ुद मुहब्बत करें तो बुराई नहीं।
मेरी आहें उन्हें दें सुनाई नहीं।

रोज़ किस्से दिलों के सुनाते रहे,
प्रेमियों ने तो की बेवफ़ाई नहीं।

मैंने दिल में लिखा नाम इक जो तिरा,
बात उनको ये मेरी सुहाई नहीं।

जान देकर निभायेंगे रस्म-ए-वफ़ा,
प्यार में हम करें जग हँसाई नहीं।

इश्क़ छुपता नहीं लाख कोशिश करो,
बात 'पूनम' ने भी तो छुपाई नहीं।

42

आओ दिल के शहर में घुमा दूँ तुम्हें।
कितनी रंगीनियाँ हैं दिखा दूँ तुम्हें।

सज-सँवर के ही आना ओ दिलवर मिरे,
आईना एक चाहत का ला दूँ तुम्हें।

हसरतों की दीवारें भी घर में बनीं,
आज उल्फ़त के साये सुला दूँ तुम्हें।

फूल ख़ुशियों के राहों में बिखरे वहाँ,
अपने अरमां का घर भी दिखा दूँ तुम्हें।

तेरी ख़्वाहिश की माला पिरोती रही,
मन का मन्दिर है सूना बिठा दूँ तुम्हें।

43

बात मेरी न टालो कहा मान लो।
हम तुम्हारे हैं केवल यही जान लो।

लब हमारे मुहब्बत जताते नहीं,
दे रहीं मेरी नज़रें वो सामान लो।

गर इज़ाजत हो पल में जहां छोड़ दूँ,
इक इशारे पे अपने, दिल-ओ-जान लो।

होश खोना है गर आओ बाँहों में तुम,
गैर की बाजुओं का न अहसान लो।

सर झुका ही दिया तेरे क़दमों में अब,
मेरे महबूब 'पूनम' का ईमान लो।

44

रहो आके दिलवर हमारी नज़र में।
क़दम तुम रखो आके दिल की डगर में।

मुहब्बत का साया करूँ तेरे ऊपर,
झुलाऊँ तुम्हें मैं ख़ुशी की लहर में।

गली में तुम्हारे मैं कलियाँ बिछा दूँ,
सुलाऊँ तुम्हें आ मुहब्बत के घर में।

बहारें भी आती हैं मर्ज़ी से तेरी,
वीराना सजा दो हमारे भी दर में।

पलों को निगाहों में रख लेगी 'पूनम',
तिरा नाम लिख देगी बीते पहर में।

45

सताती हैं मुझको वो यादें पुरानी।
रुलाती है मुझको तुम्हारी निशानी।

समन्दर किनारे जहाँ हम मिले थे,
अभी तक वहाँ का तड़पता है पानी।

भरें आह अब भी वो ठंडी हवायें,
महकती नहीं है खिली रात रानी।

पिघलती ही रहती हैं साँसें तिरे बिन,
जलाती हैं मुझको वो रातें सुहानी।

नज़र में बसा है मिरा यार 'पूनम'
वफ़ाओं की मेरे बनेगी कहानी।

46

महकती सुहानी लो ये रात आई।
दबाई थी अब तक वही बात आई।

वही चाँद रौशन फ़लक पर हुआ है,
वही आज फिर चाँदनी रात आई।

फरिश्ते भी ख़ुद जश्न में आज डूबे,
सितारों की झिलमिल वो बारात आई।

फ़िज़ायें मुहब्बत में गाने लगी हैं,
नज़र आज बन करके सौगात आई।

तड़पती है 'पूनम' शब-ए-ग़म में हरदम,
बदन को जलाती ये बरसात आई।

47

लगातार वो क्यूँ मिटा जा रहा है।
क़दम आदमी का छिला जा रहा है।

सुकूं खो रहा है वो नादान बनके,
पराई ख़ुशी में जला जा रहा है।

रखी पास दौलत उसे कम ही लगती,
मिले और ज़्यादा घुला जा रहा है।

अभी तक ख़ुदी को न पहचान पाया,
ख़ुदा से वो फिर भी मिला जा रहा है।

तड़पता है 'पूनम' वो ख़ुद तिश्नगी से,
वही प्यास सबको पिला जा रहा है।

48

रकीबों के घर आप जाने लगे हैं।
मुहब्बत मिरी आज़माने लगे हैं।

सँभाला है तुमको दिलो जान देकर,
किसी और को जां बताने लगे हैं।

बना तुमको अपना, जहां सारा छोड़ा,
मुझे गैर ही अब बताने लगे हैं।

यही वो चमन है बहारें मिलीं थीं,
ये गुलशन तुम्हें अब वीराने लगे हैं।

लड़े इस जहां से मुहब्बत की ख़ातिर,
वो इल्ज़ाम मुझ पर लगाने लगे हैं।

कहा एक पल में, हमारी न पूनम,
बनाने में अपना ज़माने लगे हैं।

49

पनाहों से मेरी कहाँ जाइयेगा।
जहाँ जाइयेगा हमें पाइयेगा।

चमकते सितारों में सूरत हमारी,
मिरी रौशनी से चमक जाइयेगा।

छुपाया है दिल में मगर डर है हमको,
निगाहों में मेरी नज़र आइयेगा।

तुम्हें प्यार मुझसा करेगा न कोई,
मुझे याद करके तड़प जाइयेगा।

तुम्हारी मुहब्बत में ख़ुद मिट गये हम,
न हमसा दीवाना कहीं पाइयेगा।

बनो तुम हमारे यही आरज़ू है,
क़यामत में 'पूनम' कहाँ जाइयेगा।

50

तुम्हारी नज़र का निशाना लगा है।
वही तीर फिर से पुराना लगा है।

मिटेगी नहीं अब मुहब्बत हमारी,
मिटाने में सारा ज़माना लगा है।

बिना दर्द-ए-दिल के है ये ज़िंदगी क्या,
मुझे चाक दामन सुहाना लगा है।

क़दम यार का हो बहारें वही हों,
बिना यार गुलशन वीराना लगा है।

मुहब्बत में 'पूनम' जहां होश खोया,
मुझे वो ख़ुदा भी दीवाना लगा है।

51

ग़ज़ब की महक माँ तिरी रोटियों में।
कई साज़ बजते तिरी चूड़ियों में।

ख़ुदा ने बनाया नज़ाकत से इनको,
झलक तितलियों की मिले बेटियों में।

ज़माने मुहब्बत के वो और ही थे,
कई ख़त पुराने मिले खिड़कियों में।

दीवाने हुये थे किसी महजबीं के,
ये दिल जा बसा था कभी बालियों में।

मिले खोये लम्हे किताबें जो खोला,
महकती हैं यादें दबी चिट्ठियों में।

मिरा यार 'पूनम' मिरा हमनशीं है,
है अहसास-ए-जन्नत हँसी उँगलियों में।

52

तिरी याद रह रह के तड़पा रही है।
मिरी जान तन्हाई ले जा रही है।

पिघलते लहू का वो क़तरा भी तरसे,
मिरी तिश्नगी मुझको तड़पा रही है।

शब-ए-ग़म सताये न अब होश बाक़ी,
हवा भी बदन को जला जा रही है।

निगाहें तरसतीं तुझे देखने को,
जवां दिल की धड़कन रुकी जा रही है।

कहीं ख़ाक 'पूनम' न जल करके होये,
लपट ये अगन की बढ़ी जा रही है।

53

मिली ज़िंदगी तुमने अपना बनाया।
मिरे दिल को तुमने तड़पना सिखाया।

मुहब्बत की चिन्गारियाँ जो दबीं थीं,
वही आग सीने में तुमने जलाया।

ख़ुदा की ख़ुदाई से बेख़ुद हुये हम,
निगाहों में मेरे जहां इक बसाया।

नशा बिन पिये मुझपे बढ़ता ही जाये,
मिली जो नज़र अब नहीं होश आया।

मुझे इश्क़ का इक समन्दर मिला है,
सनम डूब करके किनारा है पाया।

54

झलक देके आँखों को मेरी छुपे हो।
है मालूम मेरे लिये ही बने हो।

तुम्हें ढूँढ़ लेंगी हमारी निगाहें,
मिरे दिल की राहों से ही तो गये हो।

हक़ीकत को मेरी तसव्वुर कहें सब,
वो ख्वाबों की ताबीर बनके सजे हो।

मिलायेंगी तुमको हसीं वादियाँ ये,
चमन में गुलों से जो आके मिले हो।

गली तुमको 'पूनम' की आना ही होगा,
मिरे बिन अधूरा बताने लगे हो।

55

अगर साथ दे दो जहां छोड़ दें हम।
बनो चाँद तुम आसमां छोड़ दें हम।

हो दुनिया मिरी तुम, यही जानते हैं,
तिरा हाथ हो कारवां छोड़ दें हम।

बढ़े जा रहे मंज़िलों की तरफ़ ही,
चलो तुमको हमदम वहाँ छोड़ दें हम।

निगाहों में मेरी तुम्हीं तुम हो केवल,
ये दिल चीज क्या अपनी जां छोड़ दें हम।

ये हसरत है 'पूनम' बनो तुम मिरे ही,
वो अपना ख़ुदा जानेजां छोड़ दें हम।

56

सफ़र ज़िंदगी का सुहाना बहुत है।
मगर गर्दिशों को लुभाता बहुत है।

अकेले न कटती मिरी ज़िंदगानी,
तिरी बाजुओं का सहारा बहुत है।

बनाया ख़ुदा ने बड़े शौक से ही,
मिरा दिल तुम्हारा दीवाना बहुत है।

कई दिन हुये आप मिलने न आये,
सनम दिल की बातें बताना बहुत है।

नहीं वार खाली वो चिल्मन के जाते,
यूँ कहने को कहते निशाना बहुत है।

हुई जब से चाहत है 'पूनम' को तेरी,
दिलों का नशेमन सजाना बहुत है।

57

सजी आज महफ़िल तुम्हारे लिये है।
दीवाना हुआ दिल तुम्हारे लिये है।

ये रुख़सार प्यारा तुम्हारी अमानत,
मिरे होंठ का तिल तुम्हारे लिये है।

तुम्हें देखकर गुल महकने लगे हैं,
चमन भी गया खिल तुम्हारे लिये है।

ये बिंदिया चमककर इशारा करे अब,
चुनर मेरी झिलमिल तुम्हारे लिये है।

है तक़दीर 'पूनम' मिले आप हमसे,
वफ़ाओं की मंज़िल तुम्हारे लिये है।

58

खड़े दूर दिलवर न यूँ मुस्कुराओ।
मिरी बेकरारी न इतना बढ़ाओ।

जो दिल मिल चुके हैं शरम अब ये कैसी,
मिटा फासले दो नज़र तो मिलाओ।

न झटको ये ज़ुल्फ़ें घटा फिर घिरेगी,
पकड़ कोई लेगा न आँचल उड़ाओ।

नज़र से पिये थे मिले आप जब थे,
बहुत दिन है गुज़रा ज़रा फिर पिलाओ।

ज़माने की ख़ुशियाँ तुम्हें लाके दूँगा,
सनम अपनी ख़्वाहिश हमें तुम बताओ।

समां आशिक़ाना तुम्हीं लेके आये,
ख़िज़ां मुझको देकर ओ 'पूनम' न जाओ।

59

बड़ा खूबसूरत बहाना बनेगा।
मुहब्बत में दिल का फ़साना बनेगा।

पतंगे के जैसे है चाहत हमारी,
लुटाने को सब दिल दीवाना बनेगा।

फिरूँ होके घायल लगे तीर भारी,
नज़र का तुम्हारी निशाना बनेगा।

जहाँ प्रेमियों ने लिखी है इबारत,
वही वर्क़ अब फिर पुराना बनेगा।

बने इश्क़ की अब नई शायरी भी,
दिलों का ये मौसम सुहाना बनेगा।

सजाने को 'पूनम' को गुल चल पड़े हैं,
ये गुलशन तुम्हारा ठिकाना बनेगा।

60

तलाशा बहुत तुम कभी तो मिलोगे।
फफोले दिखाऊँ तुम्हें जब दिखोगे।

मगर आसमां से न उतरोगे क्या तुम,
ज़मीं पे भी उतरो यूँ कब तक उड़ोगे।

ये तन्हाइयाँ तुमको खलती नहीं क्या,
यूँ तन्हा मिरे यार कब तक फिरोगे।

जुदा ज़िस्म से जान कब तक रहेगी,
ज़हर ये जुदाई का कब तक सहोगे।

तुम्हें याद 'पूनम' करे दम-ब-दम अब,
तुम्हारी क़सम अब न तुम रुक सकोगे।

61

नज़र को मिरी कोई भाया न अब तक।
कोई राह दिल के भी आया न अब तक।

जिसे देखकर होश कुछ भी न रहता,
वही ज़ाम मुझको पिलाया न अब तक।

मैं ख़ुद को तो क्या वो ख़ुदा भूल जाऊँ,
मगर सर कहीं ये झुकाया न अब तक।

सुकूं रूह का कोई बन ही न पाया,
रुहानी शहर भी घुमाया न अब तक।

मिरा इश्क़ दरिया की लहरों सा 'पूनम',
मुझे मौज ने भी डुबाया न अब तक।

62

मुहब्बत नशा है मिरी ज़िंदगी का।
ग़ज़ब का मज़ा है तिरी आशिक़ी का।

तड़पने का भी एक अपना मज़ा है,
समन्दर बनाया तिरी तिश्नगी का।

बिना इश्क़ दुनिया वीरानी ही लगती,
यही सबको देता है आँगन ख़ुशी का।

क़दम गर हवाओं में चलता दिखे वो,
तो वो हो गया है यक़ीनन किसी का।

चलो चलके 'पूनम' तुम्हें भी दिखायें,
है महफ़िल का आलम जहाँ दिलकशी का।

63

चमन कह रहा है वो गुज़रे यहीं से।
रुके एक पल वो लगे हमनशीं से।

महकने लगी हैं हसीं वादियां अब,
मिरा यार आया वो कहतीं यक़ीं से।

फ़लक से झुका चाँद अपलक ही देखे,
खड़ा कौन वो है लगे महजबीं से।

ज़मीं चूम लूँ मैं यहाँ कौन आया,
सितारे उतर करके पूछें ज़मीं से।

मिलन होगा उनसे मैं रस्ते पे बैठी,
अचानक ही 'पूनम' वो आयें कहीं से।

64

मुझे ज़ख़्म देकर दवा दे रहे हो।
ख़ताओं की कैसी सज़ा दे रहे हो।

वो लौ थरथराई ज़रा सा रुको तुम,
चराग़ों को तुम क्यूँ हवा दे रहे हो।

सितमगर सितम की भी इक इन्तेहा है,
फिरूँ चाक दामन नशा दे रहे हो।

जहां में कदर थी अभी तक वफ़ा की,
ज़फ़ाओं के घर का पता दे रहे हो।

छुपाये था 'पूनम' कई राज़ दिल में,
सरे आम तुम क्यूँ बता दे रहे हो।

65

चलो डूबकर फिर मुहब्बत करें हम।
तुम्हें देख करके ही फिर से सजें हम।

जिये जा रहे हैं मज़ा कुछ न इसमें,
बहुत जी चुके आज फिर से मरें हम।

नशीले वो अहसास थे एक पल के,
ज़माने की नज़रों से छुपके मिलें हम।

नशा मैक़दे में भी मिलता नहीं है,
चलो इन निगाहों से फिर से पियें हम।

यूँ पहलू में 'पूनम' के आ करके बैठो,
तुम्हें उम्रभर ऐसे देखा करें हम।

66

तुम्हारा शहर मुझको अपना लगे है।
फ़लक में खिला चाँद तुमसा दिखे है।

नशे का ही व्यापार होता यहाँ पे,
हवा भी ज़रा सी नशीली चले है।

फरिश्ते तरसते तुझे पा ही जायें,
ज़मीं पे उतर तुझको सजदा करे है।

जिसे ख़्वाब में मैंने देखा था अब तक,
वही रूबरू आके हमसे मिले है।

महकती हैं राहें तुम्हारी गली की,
क़दम में वो इक फूल तेरे खिले है।

अँधेरे में 'पूनम' ने जुगनू से पूछा,
तू किसके लिये रात-दिन ही जले है।

67

अकेले सफ़र यार कटता नहीं है।
बिना हमसफ़र चैन मिलता नहीं है।

तड़पता है ये दिल मिले कोई साथी,
किसी और से राज़ कहता नहीं है।

मिलन दो दिलों का जरूरी है कितना,
बिना बाती दीया भी जलता नहीं है।

महक ज़िंदगी की मुहब्बत से फैले,
कँवल बिन किरन के तो खिलता नहीं है।

बिना उनके दुनिया बियाबान है ये,
बिना इश्क़ गुलशन महकता नहीं है।

यही आरज़ू है कि 'पूनम' मिलो तुम,
तुम्हारे बिना वक़्त चलता नहीं है।

68

सरे आम आँचल न लहराइये अब।
दीवाना बनाकर न मुस्काइये अब।

कहीं कोई भौंरा बदन चूम लेगा,
मिरी बाजुओं में चले आइये अब।

फ़लक से सितारे चले आ रहे हैं,
डगर में बिछेंगे ठहर जाइये अब।

तिरे गेसुओं को हवा चूम लेती,
मिली मेरी ख़ुशबू महक जाइये अब।

नशा मेरी आँखों में भी कम नहीं है,
इसे पीके जानम बहक जाइये अब।

अगर तुम हसीं हो जवां है ये 'पूनम'
मिटे रूप इक दिन न इतराइये अब।

69

ये दुनिया हमारी कहानी कहेगी।
मुहब्बत में हमको दीवानी कहेगी।

नहीं मर सकेगा अमर प्यार मेरा,
हमारी वफ़ा की निशानी कहेगी।

इबारत लिखेंगे लिखी जो न अब तक,
ज़ुबां दास्तां बस पुरानी कहेगी।

मिटेंगे फ़साने न मेरे दिलों के,
ख़ुदाई हमेशा ज़ुबानी कहेगी।

तुम्हारी सदा इन फ़िज़ाओं में 'पूनम',
कली भी तुम्हें गुल की रानी कहेगी।

70

क़यामत तलक राह देखा करूँगी।
यक़ीं तुमपे कितना ख़ुदा से कहूँगी।

तुम्हें देख लूँगी तभी चैन आये,
अभी जी रही हूँ तो फिर मर सकूँगी।

ख़ुदा पूछ लेगा बताऊँगी उससे,
तुम्हीं देवता तेरी पूजा करूँगी।

सदी एक बीती कभी तो मिलोगे,
बनूँ संगिनी साथ तेरे चलूँगी।

ग़ज़ब का है 'पूनम' तिरा प्यार यारा,
परस्तिश तेरी मरते दम तक करूँगी।

71

न जाने वो दिन अब कहाँ खो गये हैं।
ज़माने न आते गुज़र जो गये हैं।

वो तस्वीर आँखों में धुँधली न पड़ती,
अमिट रंग से उसको रँग वो गये हैं।

न हों बन्द बीते पलों की किवाड़ें,
कहीं रख के चाभी ही वो सो गये हैं।

हवाओं का छूना भी उनसा लगे अब,
रवानी में उसके ही गुम हो गये हैं।

सँजो करके यादें है 'पूनम' ये रखती,
शजर दिल में यादों के वो बो गये हैं।

72

तुम्हारी नज़र के निशां बनते देखे।
उठी जो नज़र आसमां बनते देखे।

चमन में खड़े थे अकेले वो अब तक,
गुलों के मगर कारवाँ बनते देखे।

क़दम से मिली आके तक़दीर जब से,
ज़माने को हम मेहरबां बनते देखे।

जिन्हें जान से ज्यादा चाहा था हमने,
उन्हें गैर की जानेजां बनते देखे।

ख़बर जो हवाओं को देते थे 'पूनम',
उन्हें रुख़ बदल राज़दां बनते देखे।

73

ज़माना हमें आज़माता रहेगा।
ज़हर ज़िंदगी का पिलाता रहेगा।

निशां मेरे क़दमों के दिखते जहाँ तक,
इशारे से उसको दिखाता रहेगा।

जो बदनामियाँ नाम ले करके आईं,
वही दास्तां भी सुनाता रहेगा।

बख़ूबी निभाया है किरदार मैंने,
वही मंच फिर से सजाता रहेगा।

फ़कीरी में 'पूनम' ग़ज़ब का मज़ा है,
मिरा फलसफ़ा ही बताता रहेगा।

74

क़दम तुम रखोगे ज़मीं चूम लेंगे।
सितम किसपे करते अगर हम न होते।

भले रौंद डालो यूँ दिल को सनम तुम,
मगर राह में दिल बिछाते रहेंगे।

लगी दिल की जिस दिन तुम्हें भी लगेगी,
यही दर्दे दिल, अश्क आँखों में होंगे।

अभी ख़ूब हँस लो मिरे हाल पर तुम,
अगर कल न होंगे तो किसपे हँसोगे।

उड़ाया हवा में यूँ अहसास 'पूनम',
तलाशोगे उस दिन जो तन्हा रहोगे।

75

बहुत ख़ूबसूरत तुम्हारी ये आँखें।
तुम्हें देखती हैं हमारी ये आँखें।

गया डूब इनमें किनारा न पाया,
समन्दर सी गहरी तुम्हारी ये आँखें।

ख़ुदाई समूची समाई यहाँ है,
हसीं ख़्वाब पलते हैं प्यारी ये आँखें।

गया हार दिल जब से देखा है इनको,
क़यामत पे पड़ती हैं भारी ये आँखें।

उड़ी जा रही है बिना पंख 'पूनम',
कभी आसमां से न हारी ये आँखें।

76

परिंदे मुहब्बत का घर चाहते हैं।
वो उल्फ़त भरी इक नज़र चाहते हैं।

सनम बेवफ़ा उनमें होता न कोई,
वफ़ाओं की केवल डगर चाहते हैं।

ज़माने की बंदिश नहीं उनपे लगती,
फ़लक पे उड़ें दर बदर चाहते हैं।

जिसे आदमी ने है क़ैदी बनाया,
तड़पते विचारे सफ़र चाहते हैं।

मेरा आशियाना उजाड़ो न तुम सब,
हरा ख़ूबसूरत शजर चाहते हैं।

अमन चैन से सारे, 'पूनम' रहें अब,
दुआओं में अपने असर चाहते हैं।

77

पतंगे सा मुझको भी पाते रहोगे,
चराग़े वफ़ा गर जलाते रहोगे।

उतर आसमां से तुम्हें थाम लूँगा,
ज़मीं से अगर तुम बुलाते रहोगे।

नशे में तुम्हारे ही डूबा रहूँगा,
अगर इश्क़ मुझको पिलाते रहोगे।

तुम्हें बाद मरने के चाहा करूँगा,
मिरे हर जनम में कहाते रहोगे।

मुहब्बत के दस्तूर 'पूनम' से सीखो,
तो मिट करके उल्फ़त निभाते रहोगे।

78

चलो एक दुनिया ख़ुशी की बसायें।
मुहब्बत की राहों में ग़म को सजायें।

तुम्हारी ही मर्जी से ये चाँद निकले,
अगर हो इज़ाज़त तो गुल मुस्कुरायें।

तुम्हें रात-दिन मैं निहारा करूँगा,
तिरे गेसुओं में सितारे लगायें।

कभी नींद में भी न बेचैन होना,
हसीं ख़्वाब नज़रों में फिर मुस्कुरायें।

सबा गीत तुमको सबेरे सुनाती,
तुम्हें आसमां में परिंदे घुमायें।

फरिश्तों के महफ़िल की रौनक हो 'पूनम'
निगाहों में तेरी सुकूं सारे पायें।

79

ज़माने की रस्में निभाना पड़ेगा।
मिले ज़ख़्म, पर मुस्कुराना पड़ेगा।

कई बार सोचा नहीं चल सकूँगी,
अगन पे भी चलके दिखाना पड़ेगा।

तसव्वुर में मैंने किया ख़ुदकुशी जो,
मुझे मौत के पार जाना पड़ेगा।

कभी ये न कहना की तुम मर चुके हो,
तुम्हें ज़िंदगी से निभाना पड़ेगा।

अगर ग़म कहें साथ हमको भी ले लो,
ख़ुशी को तुम्हें भूल जाना पड़ेगा।

निभाये हैं 'पूनम' ने दस्तूर सारे,
यहाँ मौत को सर झुकाना पड़ेगा।

80

हँसी में मिला दर्द दिखता नहीं है।
दिलों में बना ज़ख़्म सिलता नहीं है।

जो ख़ामोश रहते कभी उफ़ न करते,
उन्हें लोग कहते ये कहता नहीं है।

बहे अश्क आँखों से आहें भरे जो,
ये आरोप उसपे वो सहता नहीं है।

जिन्हें चाह मंज़िल की बिल्कुल न होती,
वो दुनिया की नज़रों में चलता नहीं है।

सफ़र बाँध करके चले गर ये 'पूनम',
है इल्ज़ाम इसपे ये रुकता नहीं है।

81

अगर दिल न होता तो क्या बात होती।
तड़पकर न तुमसे मुलाकात होती।

तुम्हारे बिना हम तरसते न हरदम,
निगाहों से मेरी न बरसात होती।

मुहब्बत के किस्से न बनते जहां में,
ज़फ़ाओं की फिर वो न सौगात होती।

न नाम-ओ निशां होता तन्हाइयों का,
क़यामत से भारी न वो रात होती।

कभी दर्द दुनिया के लिखती न 'पूनम',
क़लम और सियाही न दावात होती।

82

तड़पना अगर हो मुहब्बत करो तुम।
जो तिल तिल के जलना हो उल्फ़त करो तुम।

बड़े संग दिल अबके होते सनम हैं,
तो पत्थर का बन इनकी कुर्बत करो तुम।

बड़े सारे किस्से किताबों में मिलते,
किताबी सफ़र से न सोहबत करो तुम।

शबाब-ए-कली पाना फितरत है इनकी,
पकड़ने को भौंरे न जहमत करो तुम।

हुई ख़ाक 'पूनम' मुहब्बत में जलके,
पतंगे से फिर भी न नफ़रत करो तुम।

83

मुहब्बत भरे गीत गाते रहेंगे।
वफ़ाओं को हम आज़माते रहेंगे।

बिना दर्द-ए-दिल चैन मिलता नहीं है,
तो पत्थर से शीशा मिलाते रहेंगे।

शब-ए-ग़म जुदाई का सहना है मुश्किल,
क़यामत को फिर भी बुलाते रहेंगे।

बिना अश्क के आँख कुछ भी नहीं है,
निगाहों में सावन बसाते रहेंगे।

अमर इश्क़ को लिख रही आज 'पूनम'
ज़माने भले आते जाते रहेंगे।

84

लगे वो मुझे उम्रभर अज़नबी से।
वो पत्थर के दिल भी लगे मोम ही से।

मैं दहलीज पर सर रखे सो गई हूँ,
मुझे लाँघ जायेंगे वो आज ही से।

ख़यालों में उनके न कुछ होश रहता,
दीवाना बताते वो मुझको सभी से।

मुझे करके नीलाम पाओगे क्या तुम,
मैं बिकने लगी कौड़ियों में अभी से।

हमारी वफ़ाओं को रौंदो न 'पूनम',
मुहब्बत किये मर मिटे हम तभी से।

85

मिटाता समय मौत की दूरियों को।
गिने ज़िंदगी साँस की सीढ़ियों को।

समन्दर के रोके भी रुकता नहीं है,
बहाती ज़मीं बाढ़ के पानियों को।

वो ताकत सदा आज़माती ही रहती,
झुकाती हवा पेड़ की डालियों को।

गुलों को खिलाने की फितरत है सबकी,
सँजो करके रक्खे तभी क्यारियों को।

बनो यार 'पूनम' के तक़दीर कहती,
ज़माना रखे याद इन यारियों को।

गये वो कहाँ देख पाईं न आँखें।
सफ़र आख़री भी दिखाईं न आँखें।

वो ख़ामोशियाँ भी नहीं भूलती हैं,
सदा दे मुझे क्यूँ बुलाईं न आँखें।

मिटाना बनाना यही ज़िंदगी है,
तिरी याद दिल से मिटाईं न आँखें।

तड़पते तिरे नाम से अश्क मेरे,
जो पल साथ गुज़रे भुलाईं न आँखें।

सदा ढूँढ़ती तेरी तस्वीर 'पूनम',
वही रंग फिर भर ही पाईं न आँखें।

87

वही आईने हैं बदलती है सूरत।
कभी बिन सजे ही सँवरती है सूरत।

ख़ुदी रूप पर आप इतराते क्यूँ हो,
निगाहों से इक दिन उतरती है सूरत।

निकल धूप में गर नहाओगे यारा,
तो इज़्ज़त की खाके निखरती है सूरत।

पड़ीं गर्दिशें जब ज़माना न पूछे,
कई ठोकरें खा बिखरती है सूरत।

थपेड़े लहर के अगर रोक लोगे,
बिना चाँदनी के चमकती है सूरत।

४४

नज़र मिल गई तो नज़र हो गई है।
ज़माने को इसकी ख़बर हो गई है।

बिखेरे जो गेसू तो शब घिरके आई,
जो ज़ुल्फ़ें समेटी सहर हो गयी है।

तड़प करके जब नाम उनका पुकारा,
क़लम यूँ चली सुख़नवर हो गई है।

लिखे जा रहे थे पलट के न देखा,
वही शायरी अब बहर हो गई है।

मुहब्बत को 'पूनम' छुपायेगी कैसे,
नज़र इश्क़ की हमसफ़र हो गई है।

४१

चमन में अकेले न जाया करो तुम।
क़मर से न नज़रें मिलाया करो तुम।

क़दम से लिपट जायेंगे गुल तुम्हारे,
न यूँ देखकर मुस्कुराया करो तुम।

निगाहों की तेरी नज़र लग न जाये,
कभी ख़ुद को ख़ुद से छुपाया करो तुम।

दीवाना फ़लक हो न जाये तुम्हारा,
न ऊपर को पलकें उठाया करो तुम।

तुम्हें बन्द कर लूँ आ दिल में मैं 'पूनम',
मिरी साँस में यूँ समाया करो तुम।

९०

मुझे आज किसने ये आवाज़ दी है।
मिरे सूने मन को ज्यों परवाज़ दी है।

ख़तम मौत जब कर चुकी तब लगा यूँ,
अभी ज़िंदगी मुझको आगाज़ दी है।

रहे डूब, हमको न, मिलता किनारा,
लहर भी हमें एक अंदाज़ दी है।

तराने कभी गा न पाये ख़ुशी के,
मगर दिल की धड़कन भी इक साज़ दी है।

तिरे हौसले को भी सजदा है 'पूनम'
ख़ुदाई लगा सर तिरे ताज़ दी है।

91

चले जा रहे थे यूँ ख़ामोश होकर।
सितम सब सहे अब चले होश खोकर।

बड़े बेख़बर थे सँभाला न ख़ुद को,
क़दम लड़खड़ाये लगी एक ठोकर।

मिटा ख़ुद की हस्ती बचा आबरू ली,
वो दाग़-ए-मुहब्बत वफ़ाओं से धोकर।

वो अरमां की चूनर क़फ़न बन गई है,
ज़नाज़ा चला ख़ुद के काँधों पे ढोकर।

ये 'पूनम' को दुनिया भुलाएगी कैसे,
उगेगी वफ़ा अब चले बीज बोकर।

92

ज़माने ने मुझको सराहा न तब तक।
वो क़दमों में मंज़िल झुकाया न जब तक।

सफ़र में रहे चाँद सबने छुपाया,
उजाला दीये का दिखाया न अब तक।

लहू को जलाकर किया राह रौशन,
वो मन को सितारा बनाया न जब तक।

बना हौसले को लिया अपना साथी,
गले गर्दिशों को लगाया न जब तक।

सहारा दिया बेबसों को हमेशा,
चलन माँ ने मेरी सिखाया है अब तक।

93

बनो तुम सहारा हमेशा किसी का।
मिलेगा मज़ा फिर तभी ज़िंदगी का।

निछावर करो जान औरों की ख़ातिर,
तभी प्यार तुमको मिले हर किसी का।

अगर ग़म मिले तो लगा लो गले तुम,
ख़जाना मिलेगा तभी तो ख़ुशी का।

बुराई रकीबों की करना नहीं तुम,
तो पछतावा उनको भी होगा सही का।

इसी सोच पे चल रही आज 'पूनम',
ये जन्नत मिली है नतीज़ा उसी का।

94

खिली जो कली है वो हसरत किसी की।
उसे तोड़ना मत वो उल्फ़त किसी की।

मसलकर उसे क्यूँ कलेजा न दुखता,
भला क्यूँ मिली उसको नफ़रत किसी की।

बड़े प्यार से गुल उसे देखता था,
उठा ले गई उसको कुर्बत किसी की।

फ़साना चमन में नहीं गूँजा होता,
सितमगर को भाई न शोहरत किसी की।

खिलाती उन्हें बागबां बनके 'पूनम',
मगर छिन गई अब मुहब्बत किसी की।

95

अगर आदमी रोज़ मरता न होता।
कभी मौत से भी वो डरता न होता।

बनाता दीवारें फ़लक चूमने को,
ख़ुदा को कभी याद करता न होता।

सितम ख़ूब करता सभी पे वो हँस के,
कराहों से सबकी वो डरता न होता।

बना करके रखता हवाओं को क़ैदी,
फ़लक पे सितारा सँवरता न होता।

यही सोच 'पूनम' हँसे जा रही है,
के ख़्वाबों में रँग कोई भरता न होता।

96

तरसती निगाहें बनीं आज पत्थर।
तड़पती ये बाँहें बनीं आज पत्थर।

सदी एक गुज़री मगर तुम न आये,
भटकती ये राहें बनीं आज पत्थर।

सदा तुमको देकर बुलाया किये हम,
बिलखती वो आहें बनीं आज पत्थर।

बड़ी हसरतें थीं की जी भरके देखूँ,
बिखरती पनाहें बनीं आज पत्थर।

ज़माने की पहले तपिश रोकती थीं,
ये ज़ुल्फ़ों की छाहें बनीं आज पत्थर।

97

ख़ुशी तुमको देकर मैं ग़म तेरे लूँगी।
ज़माने के सारे सितम हँस के लूँगी।

तुम्हें बहती गंगा मैं ला करके दे दूँ,
समन्दर के बहते मैं जल खारे लूँगी।

न बेचैन होना कभी एक पल तुम,
बहे अश्क जो भी सनम सारे लूँगी।

मिरे गेसुओं में तपिश छाँव पाये,
बहारों को देकर ख़िज़ाँ सारे लूँगी।

जिऊँगी मैं जब तक तुम्हारे लिये हूँ,
तिरे ज़िंदगी के ज़ख़म सारे लूँगी।

98

ज़िंदगी रात के जैसी ढलती रही।
चाँदनी मुझ पे हर रोज हँसती रही।

बेख़बर होके हर रोज़ हँसते रहे,
साँस ये हर घड़ी मुझको छलती रही।

धड़कनों का धड़कना भी घटता रहा,
नब्ज़ हर एक पल थोड़ा घुलती रही।

नींद में सो गये फिर जगे तो लगा,
नींद में मौत भी साथ पलती रही।

कैसे गिन पाये 'पूनम' क़दम के निशां,
ये डगर आने जाने की चलती रही।

९९

रात की एक आवाज़ होती ही है।
वो किसी के लिये छुपके रोती ही है।

नींद में दिल कभी भी ये सोता नहीं,
आँख ये बेख़बर होके सोती ही है।

दिल बयां दर्द नज़रों से जब भी करे,
उसको सुनके वो पलकें भिगोती ही है।

लाख कोशिश करो की मुहब्बत न हो,
ये नज़र इश्क़ का बीज बोती ही है।

चाँद 'पूनम' का भी घट ही जायेगा वो,
चाँदनी भी चमक अपनी खोती ही है।

100

क़दम थक गये जाने मंज़िल कहाँ है।
मिले ग़म, ख़ुशी की वो महफ़िल कहाँ है।

मैं मझधार में तैरती ही रही हूँ,
नहीं दिख रहा मुझको साहिल कहाँ है।

अभी तक मैं खोती चली जा रही हूँ,
मुझे तो मिला ही न हासिल कहाँ है।

सदा आँधियों में जलाया दिया वो,
कहें कैसे उसको वो गाफ़िल कहाँ है।

बिना चौदहवीं चाँद 'पूनम' न होती,
फ़लक आज मेरा वो झिलमिल कहाँ है।

101

मुझे क्यूँ उदासी सुहाती न जाने।
ग़मों को क्यूँ आँखें बुलाती न जाने।

ज़माने में हासिल भले नेमतें हो।
किसी और की याद आती न जाने।

कई राह आ करके मिलती रही है,
डगर बिन निशां की लुभाती न जाने।

उसूलों को दुनिया बताती ही रहती,
नहीं ख़ुद क्यूँ रस्में निभाती न जाने।

भँवर में फँसी जान 'पूनम' किसी की,
वो पल एक कैसे बिताती न जाने।

102

अकेले कहाँ तक रहेंगे ख़ुदाया।
कभी तो वो मुझको मिलेंगे ख़ुदाया।

बिना हमसफ़र ज़िंदगी बोझ जैसी,
चमन मन के कब ये खिलेंगे ख़ुदाया।

रही तीरगी ख़ूब आँचल पसारे,
बुझे से दिये कब जलेंगे ख़ुदाया।

मिरी आह सुन रो पड़ी है ख़ुदाई,
खुले ज़ख़्म फिर कब सिलेंगे ख़ुदाया।

हुये चूर पर्वत हमारी सदा पे,
वो पत्थर के दिल क्या घुलेंगे ख़ुदाया।

103

अगर हम न होंगे ग़ज़ल तो रहेगी।
मिरे मन की आहट भी गूँजा करेगी।

हथेली हिना से महक जायेगी जब,
मिरी नज़्म हाथों में महका करेगी।

नज़र मिल नज़र से क़यामत करे तो,
हमारी नज़र भी क़यामत करेगी।

डगर एक जब दो दिलों को मिलाये,
वहाँ राह भी एक मेरी रहेगी।

ज़फ़ाओं का दामन जो 'पूनम' ने थामा,
मिरी शायरी आह भरती रहेगी।

104

नहीं मार सकती मुझे मौत तब तक।
क़लम से सियाही का रिश्ता है जब तक।

खिले चाँद जब चाँदनी खूब चमके,
सितारो की रौनक फ़लक में है जब तक।

दिलों का दिलों से मिलन जब भी होगा,
तड़पती मुहब्बत सदा देगी तब तक।

समन्दर में पानी रहेगा अगर तो,
पलों में रवानी रहेगी ये तब तक।

सलीक़ा इन्हें ज़िंदगी ने सिखाया,
ये 'पूनम' की बातें सुनें लोग तब तक।

105

इबारत लिखेंगी ये ग़ज़लें हमारी।
सियाही में शामिल है ख़ुशबू तुम्हारी।

समन्दर की लहरों से अहसास इनके,
वो गहराई झीलों की इनमें है सारी।

कली होंठ की जब खिले रौशनी हो,
बसी महजबीं की वो मुस्कान प्यारी।

मुझे दुनिया वाले हराते ही आये,
मिरी लेखनी कब ज़माने से हारी।

हुनर तूने 'पूनम' का सब ले लिया है,
तभी फूल से चोट देती करारी।

106

मुहब्बत करोगे तो धोखा मिलेगा।
चराग़ों सा दिन रात जलना पड़ेगा।

कहीं मन न लगता फिरे चैन खोकर,
जो मुरझाया तो फिर कहाँ ये खिलेगा।

बड़े बेवफ़ा वो ये मालूम तुमको,
मगर ज़ोर दिल पर न कोई चलेगा।

भरोसा करो ख़ुद से ज्यादा किसी पे,
वही इश्क़ के नाम पर फिर छलेगा।

हज़ारों दिलों की है रानी ये 'पूनम',
नज़र में न इनके कोई अब पलेगा।

107

नहीं जानते थे नज़र फेर लोगे।
वफ़ाओं को भी अब ज़फ़ा तुम कहोगे।

किये जा रहे हो सितम बेतहाशा,
रकीबों के सँग हाल पर फिर हँसोगे।

तरसते रहे इक झलक मिल न पाई,
पता ये चला गैर के घर दिखोगे।

मिला ज़ख़्म मुझको सहे जा रही हूँ,
किसी की मुहब्बत में तुम भी सहोगे।

मिरा दिल जले है ख़बर तो है 'पूनम',
फफोले दिखाऊँगी गर तुम मिलोगे।

108

अभी मौत से रूबरू हो गई हूँ।
नज़र मैं मिलाके वहीं सो रही हूँ।

पड़ी लाश वो मुझसे चुपचाप बोली,
हूँ तुममें भी शामिल अलग मैं अभी हूँ।

गुमां मुझको था अपनी आँखों पे हरदम,
मगर इनकी भी रौशनी खो चुकी हूँ।

ये माटी की मूरत बनाया था किसने,
तभी मैं बनी थी अभी मिट चली हूँ।

कहाँ जानती थी ये अंज़ाम होगा,
गलत थी ये दुनिया मगर मैं सही हूँ।

उसे बोलता देखकर आज 'पूनम',
मुझे लग रहा है की मैं भी यही हूँ।

109

ज़माने में कुछ भी हमारा नहीं है।
ये साँसे जो डूबें किनारा नहीं है।

सजीले बदन पे न इतराओ इतना,
न पालो भरम, ये तुम्हारा नहीं है।

छुपा है बहुत कुछ दिखाई न पड़ता,
दिखाई जो देता वो सारा नहीं है।

यहाँ से कभी कोई जाना न चाहे,
किसे ये जहां लगता प्यारा नहीं है।

सभी रिश्ते नाते दिखावे के ही हैं,
चलोगे अकेले सहारा नहीं है।

यही इल्म 'पूनम' को जब हो गया तो,
ये ईमान खोना गवारा नहीं है।

110

मुझे आज विस्तर पराया लगे है।
वदन मौत का एक साया लगे है।

बनी लाश मैं ऐसा लगने लगा अब,
अभी तक भरा जो किराया लगे है।

मुझे देखकर लोग आँसू बहायें,
ये सब ख़्वाब में ही बनाया लगे है।

लिये जा रहे हो जलाने को मुझको,
जहाँ सारा भय में नहाया लगे है।

कभी वापसी अब न 'पूनम' की होगी,
ज़माना किराये पे पाया लगे है।

111

सदायें दिया पर सुने ही नहीं वो।
चले जा रहे हैं रुके ही नहीं वो।

बहुत बोलते वो, कभी चुप न रहते,
कई बार पूछा कहे ही नहीं वो।

सभी अश्क आँखों में ले करके आये,
रहे अज़नबी से मुड़े ही नहीं वो।

मिलन आख़री है गले से लगा लूँ,
बिलखती रही मैं मिले ही नहीं वो।

हथेली पे मेरी लिखो नाम 'पूनम',
बड़ी इल्तिज़ा की, लिखे ही नहीं वो।

112

कहाँ जा रहे हो पता तो बता दो।
अगर हूँ मैं मुज़रिम सज़ा तो बता दो।

मैं बीमार तेरा मसीहा मिरे तुम,
मिरे दर्द-ए-दिल की दवा तो बता दो।

सबब रूठने का बताओ मुझे तुम,
हुई क्या है मुझसे ख़ता तो बता दो।

बताओ नहीं तुम भले बात पूरी,
यही तुमसे मिन्नत ज़रा तो बता दो।

तुम्हारे बिना जी सकेगी न 'पूनम',
तड़प थोड़ी कम हो नशा तो बता दो।

113

सितारों के आगे जहां और भी हैं।
दिखें वो न हमको निशां और भी हैं।

जहाँ जाके फिर लौट कोई न आता,
वहाँ पे कई जानेजां और भी हैं।

ज़मीं खूबसूरत वहाँ भी है शायद,
सजे चाँद से आसमां और भी हैं।

क़यामत के उस पार भी लोग रहते,
सफ़र में मिले कारवां और भी हैं।

अगन आख़री बार रिश्ता निभाती,
धुएं में मिलाती धुआं और भी हैं।

114

सफ़र में मुझे साथ लेकर चलो तुम।
हैं अंजान राहें ज़रा सा रुको तुम।

कभी आपने हाथ छोड़ा न मेरा,
मगर आज छोड़ा मुझे क्यूँ कहो तुम।

ज़माना तरसता है मिलने को तुमसे,
गले आज लगकर के सबसे मिलो तुम।

मुझे देखकर आप खिलते थे हरदम,
खड़ी रूबरू हूँ तो फिर से खिलो तुम।

है क्या बात 'पूनम' बने अज़नबी हो,
मिरी जान जाये न यूँ चुप रहो तुम।

115

डगर कौन सी थी गये तुम जहां से।
पता उस जहां का मिला किस निशां से।

इशारों-इशारों में किसने बुलाया,
बुलाता नहीं वो कभी भी ज़ुबां से।

बहारों को तुम साथ लेकर गये हो,
मुझे क्यूँ मिलाकर गये हो ख़िज़ां से।

बड़ी हसरतों से फ़लक को निहारूँ,
कभी तो मिलोगे ही आ कहकशां से।

जुदाई में तेरी ज़नाज़ा सी 'पूनम',
मुझे देख लो इक नज़र फिर वहाँ से।

116

मुझे ज़िंदगी का पता मिल गया है।
डगर में लिफाफा गिरा मिल गया है।

खड़े मोड़ पर राह सूझे न दूजी,
नशेमन वहीं इक सजा मिल गया है।

रहे जिस जहां में समझ करके अपना,
अमानत किसी की, लिखा मिल गया है।

खरीदोगे कैसे दुबारा बदन तुम,
ये पहले से तुमको बिका मिल गया है।

मगर लोग सच याद रखते न 'पूनम',
ख़ुदाई का ऐसा नशा मिल गया है।

117

तड़पता है दिल याद में क्यूँ किसी के।
तलाशूँ उन्हें घर में जा तिश्नगी के।

मिरी साँस दिन-रात उनको बुलाती,
उसूलों को जानें न वो आशिक़ी के।

निगाहों की रौनक भी कम हो रही है,
मुझे घेरते साये अब तीरगी के।

मिरी नब्ज़ अब थोड़ी रुकके चले है,
छुपी है पनाहों में वो ज़िंदगी के।

जिसे क़द्र है ही न मेरी वफ़ा की,
मिटी आज 'पूनम' है ग़म में उसी के।

118

बनें वो हमारे कई बार सोचा।
खड़ी राह में, पर न, मुड़ करके देखा।

मुहब्बत में मिट करके चाहा है उनको,
न दिल मेरा माने कई बार रोका।

वफ़ाओं का बदला ज़फ़ा ही मिलेगी,
वो बेदर्द ज़ालिम दगा ही तो देगा।

बड़ा संग दिल है न मालूम उसको,
तड़प मेरे मन की वो हँस के सुनेगा।

करे आज तौबा ही उल्फ़त से 'पूनम',
यक़ीं हो चला है न वो मेरा होगा।

119

निगाहें न मिलतीं तो उल्फ़त न होती।
ज़माने में फिर इतनी शोहरत न होती।

न दिल ज़ख़्मी होता तड़पते न हरदम,
जो बेदर्द से यूँ मुहब्बत न होती।

झटक करके दामन चले भी वो जाते,
तो देखूँ दुबारा ये हसरत न होती।

अगर बेवफ़ाई वो करते तो करते,
हमें उनसे कोई शिकायत न होती।

न दुश्मन यहाँ कोई 'पूनम' का होता,
जहां में हमारी खिलाफ़त न होती।

120

अगर लूटता है कहीं जो किसी को।
बना वक़्त क़ैदी ले फिर आदमी को।

तिरा रूप तुझको दिखे आईने में,
किये कर्म लौटाता है फिर तुझी को।

जो तुम ज़ख़्म देते हो हँस-हँस हमेशा,
लगा देगा ताला तुम्हारी हँसी को।

सही और गलत जो दिखें एक से ही,
कभी ला दिखा देगा तुमको सही को।

बटोरी जो दौलत लहू छीन करके,
मिलेगी न तुझको तलाशो ख़ुशी को।

बनो नेक 'पूनम' सी तुझको नसीहत,
अगर देखना है तो देखो उसी को।

121

मुझे ज़ख़्म देकर वो ख़ुश हो रहा है।
मगर नफ़रतें रात-दिन बो रहा है।

उगेंगी ये फसलें कभी नफ़रतों की,
सुला मौत देगी अभी सो रहा है।

हवा हूँ मुझे तू मिटायेगा कैसे,
मिटाने में ताक़त तू क्यूँ खो रहा है।

समन्दर को कैसे सुखायेगा नादां,
न हो ख़त्म पानी तू मुँह धो रहा है।

फ़लक को भला तू झुकायेगा कैसे,
ये 'पूनम' अमिट है सदा वो रहा है।

122

न ठोकर लगाओ किसी की ख़ुशी को।
न क़दमों में लाओ कभी बेबसी को।

समन्दर का पानी तो ख़ारा ही होता,
न सर पे चढ़ाओ कभी तिश्नगी को।

कहाँ चाँद सबको है रातों में मिलता,
दीये को जला घर रखो रौशनी को।

मुहब्बत करे जो करो कद्र उसकी,
दिल-ओ-जान दे दो लुटाओ हँसी को।

चलो चलके 'पूनम' जहां इक बसायें,
सजा करके रक्खें वहाँ आशिक़ी को।

123

ख़ुदा गर मुझे अपने जैसा बना दे।
तो तस्वीर दुनिया की मुझको दिखा दे।

बनाऊँ जहां जिसमें ग़म ही न रहता,
भला नेक दिल को कोई क्यूँ सजा दे।

कभी भूख से आदमी ही न मरता,
दिया पेट गर उसको खाना खिला दे।

वहाँ आदमी-आदमी को न छलता,
ये फरमान जा करके उनको सुना दे।

कभी कोई ज़ालिम कली रौंद देता,
उसे बागबां फिर जो चाहे सजा दे।

ख़ुदाई तुम्हारी न 'पूनम' को भाई,
है इक इल्तिज़ा आदमी से मिला दे।

124

मुसीबत पड़ी सब दिखे अज़नबी से।
नसीहत हमें दे रहे अज़नबी से।

अगर आसरा माँगा हमने कहीं भी,
सभी खिड़कियों में खड़े अज़नबी से।

कभी मय का पैमाना ख़ाली न रहता,
मिला आज क़तरा पिये अज़नबी से।

वो इक दौर था बज़्म सजती यहीं थी,
मगर आज बाहर रुके अज़नबी से।

सही ही हुआ वक़्त 'पूनम' ने देखा,
वो चेहरे दिखे अब, छुपे अज़नबी से।

125

वो इक वक़्त था मैंने कैसे गुज़ारा।
थे अनमोल लम्हे जो रोके गुज़ारा।

सभी मुझको कायर भी कहने लगे थे,
मैं कमजोर हूँ मैंने कहके गुज़ारा।

वो मंज़िल भी मेरी करीब आ रही थी,
जो ठोकर लगी मैंने गिरके गुज़ारा।

ज़माने के ताने मुझे मिल रहे थे,
मगर तब भी ख़ामोश होके गुज़ारा।

मिरी धड़कनें मुझसे नाराज़ सी थीं,
गले मौत से मैंने लगके गुज़ारा।

ज़रा याद 'पूनम' करो उन दिनों को,
जो अंगारों पर मैंने चलके गुज़ारा।

126

अगर सब्र है गर्दिशें भी डरेंगी।
वो बेचैन हों शोहरतें भी मिलेंगी।

मिलेगा तुम्हें चाँद गर ठान लोगे,
तो सज़दा तुम्हें ख़्वाहिशें भी करेंगी।

क़दम चूम लेगी ख़ुदी आके मंज़िल,
गिरोगे तुम्हें कोशिशें थाम लेंगी।

सहारा बनो तुम हमेशा सभी का,
तुम्हें देखकर सूरतें खिल उठेंगी।

ये सब बात 'पूनम' की तुम ख़ुद में ले लो,
तभी तोहमतें फूल बनके बिछेंगी।

127

मिरे पास आ करके ग़म अपने दे दो।
तो बदले में मुझसे ख़ुशी मेरी ले लो।

ख़िज़ांओं के मौसम हमारे लिये हैं,
बहारों में हँसकर सभी खेल खेलो।

न मायूस नज़रें कभी हों तुम्हारी,
सदा नींद में तुम हसीं ख़्वाब देखो।

जियो ताक़यामत ओ महबूब मेरे,
मुझे मौत देकर मिरी साँस ले लो।

तुम्हें देख 'पूनम' ख़ुदा भूल जाती,
ख़ुदाया गुनाहों की भी माफी दे दो।

128

करेंगे न नफरत कभी भी किसी से।
सितम भी सहेंगे जहां के ख़ुशी से।

ज़माने में आये मुसाफ़िर ही बनकर,
निभायेंगे रिश्ते, सभी ज़िंदगी से।

न भूलेंगी हमको हसीं वादियाँ भी,
बनेंगे वो बादल मिरे नाम ही से।

मुझे याद करके चमन खिल उठेगा,
बहारें पता पूछतीं फूल ही से।

बड़ी ख़ूबसूरत ख़ुदा की खुदाई,
जो दिल को मिलाया यहाँ आशिक़ी से।

न जाने रहें कब तलक हम यहाँ पर,
ये 'पूनम' मुहब्बत करे हर किसी से।

www.ingramcontent.com/pod-product-compliance
Ingram Content Group UK Ltd.
Pitfield, Milton Keynes, MK11 3LW, UK
UKHW042017190726
13854UKWH00005B/2321

9 788195 304578